AF614607

INSTITUT IMPÉRIAL DE FRANCE.

NOTICE

SUR LA VIE ET LES OUVRAGES

DE M. HIPPOLYTE FLANDRIN

PAR M. BEULÉ

SECRÉTAIRE PERPÉTUEL

Lu dans la séance publique de l'Académie des Beaux-Arts, le 19 novembre 1864.

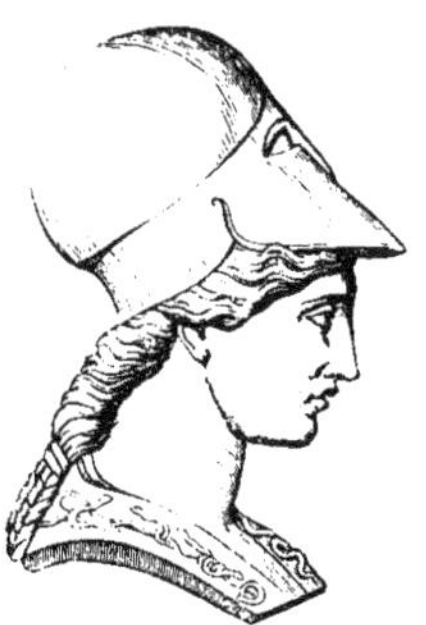

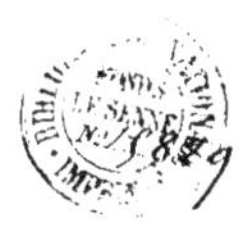

PARIS,
TYPOGRAPHIE DE FIRMIN DIDOT FRÈRES, FILS ET Cie
IMPRIMEURS DE L'INSTITUT IMPÉRIAL DE FRANCE, RUE JACOB, 56.

M DCCC LXIV.

INSTITUT IMPÉRIAL DE FRANCE.

NOTICE

SUR LA VIE ET LES OUVRAGES

DE M. HIPPOLYTE FLANDRIN

PAR M. BEULÉ

SECRÉTAIRE PERPÉTUEL

Lu dans la séance publique de l'Académie des Beaux-Arts, le 19 novembre 1864.

Messieurs,

Pour la première fois depuis que l'Institut est fondé, votre séance publique sera triste et découronnée. Vous n'avez point jugé cette année les concours d'art; vous n'entendrez point les œuvres de vos lauréats interprétées par des chanteurs renommés; vous ne verrez autour de vous ni les artistes que vous proclamiez dignes d'être pensionnés à Rome par l'État, ni leurs rivaux qui applaudissaient à un triomphe mérité, ni leurs familles qui sentaient qu'une récompense décernée par l'Institut de France avait un caractère éminemment national. Une institution que tant de révolutions avaient respectée a été renversée à l'improviste, et la jeunesse a été, non pas détachée de vous (car jamais elle n'a manifesté ses sympathies avec plus d'éclat), mais soustraite à votre patronage. Vous auriez pu, Messieurs, rendre à cette solennité le lustre qui lui était ravi, en faisant exécuter des pages inédites des compositeurs qui appartiennent à l'Académie : vous ne l'avez point voulu, vous avez accepté noblement des signes de deuil qui conviennent mieux à la dignité d'un grand corps, à la fermeté de vos espérances, à la revendication légale de vos droits. De même qu'on garde au foyer paternel la place vide et le souvenir présent des exilés, de même vous n'avez point consenti à remplir les heures destinées aux élus de la jeunesse, honorant ainsi les liens qui unissent les disciples à leurs maîtres, liens qui ont fait, depuis deux siècles, la force de l'école française et qui seuls la sauveront au milieu des aventures qu'elle traverse.

Mais ce que l'on ne peut vous enlever, ce qui ajoute à cette réunion quelque grandeur, c'est le culte du passé, c'est le droit de célébrer les morts, c'est la douceur de chercher dans le récit d'une vie consacrée au beau des consolations ou des modèles. Quel artiste, parmi ceux que vous venez de perdre, vous offre plus qu'*Hippolyte Flandrin* une carrière droite, une gloire pure, des exemples incontestés? Quelle figure est plus digne de représenter une vertu de jour en jour plus rare et qui résume toutes les autres : l'amour du devoir? Disciple, il a poussé la déférence envers son maître et la perpétuité du respect jusqu'à des limites inconnues aujourd'hui; maître à son tour, il a prodigué à ses élèves les leçons les plus austères et les soins les plus tendres; artiste, il n'a rien préféré à la dignité de son art; peintre religieux, il a gardé son pinceau chaste et irréprochable; académicien, il a compris que ce titre lui imposait autant de responsabilité qu'il lui apportait d'honneur et il s'est voué à la défense des principes sans lesquels l'art cesse d'exister. Lever le voile d'humilité dont s'entourait l'homme privé et le chrétien, ce serait offenser sa mémoire; mais on peut dire que l'accomplissement réfléchi du devoir a fait l'unité de la vie de Flandrin.

Hippolyte Flandrin est né à Lyon en 1809. Son père peignait des miniatures et lui donna ses premières leçons. Ses deux frères furent peintres également. Auguste, l'aîné, mourut en 1840, laissant des tableaux de genre qui furent remarqués, *une Mère pleurant son enfant,* la *Prédication de Savonarole à San Miniato.* Paul, le plus jeune, est un paysagiste distingué; le succès ne l'a point empêché de se consacrer aux mêmes études qu'Hippolyte, d'être le confident de ses projets, de l'aider dans une partie de ses travaux, avec une abnégation qui ne voulait point de récompense : il en a trouvé une, car, malgré ses efforts pour se tenir dans l'ombre, près de son frère, il a reçu le reflet de sa lumière, et leurs deux noms sont devenus inséparables comme l'a été leur vie.

A l'âge de vingt ans, Hippolyte Flandrin devenait élève de M. Ingres; à vingt-trois ans, il remportait le grand prix de Rome: tant fut vive, tant fut avidement reçue la flamme que lui communiqua le chef de l'école française! Il trouva dans cet atelier trois forces qui élèvent les hommes au-dessus d'eux-mêmes : l'esprit de famille, la religion du beau, la liberté.

Tout d'abord il conçut pour son maître une vénération qui devait toujours grandir, et il fut traité par lui avec une bonté qu'ont éprouvée tous les jeunes gens qui l'approchaient. « Que ne lui dois-je pas, » écrivait Flandrin à son frère Auguste, « que ne dois-je pas à celui qui a déjà « tant fait pour nous! Hier il m'a embrassé comme un père « embrasse son fils. Je ne sais plus comment le remercier, « mais je pleure en pensant à lui, et c'est de reconnaissance. » Ce fut là aussi qu'il puisa l'amour de l'antiquité, la connaissance approfondie des chefs-d'œuvre de toutes les époques, le culte spiritualiste de la beauté qui caractérise les élèves de M. Ingres, ceux mêmes auxquels la renommée n'a point souri. Au milieu de ces clartés qui n'égarent jamais, dans cette sphère où brillent les plus beaux modèles, l'intelligence ne se meut-elle pas plus librement, ne fait-elle pas triompher plus vite ses aptitudes ou ses préférences, que si elle demeure solitaire, condamnée à d'inféconds tâtonnements? Les œuvres de Flandrin sont la preuve la plus sensible de la liberté qui régnait dans l'atelier de M. Ingres, car elles sont très-différentes de celles du maître et les sujets qu'ils ont traités tous deux sont presque opposés. L'un peignait au soleil de la Grèce, en contemplant les formes idéales dont l'Olympe est peuplé; l'autre s'enfermait dans les églises pour les décorer avec une gravité monastique. Et cependant combien Flandrin fut soumis à une influence prolongée, puisque M. Ingres le rejoignit à Rome, en fit son ami et resta son guide! Mais tel est le rôle du véritable chef d'école : en transmettant aux jeunes artistes ses principes, en leur imprimant la marque de son style, il démêle leurs instincts, il les développe, il rend plus puissante cette impulsion secrète de la nature, qu'on appelle la vocation.

La vocation de Flandrin pour la peinture religieuse s'annonce dès ses premières productions : *Saint Clair guérissant des aveugles*, *Jésus appelant à lui les petits enfants*. Ce dernier tableau est de tout point remarquable, et par son importance et par son caractère. L'artiste y montre déjà comment l'austérité chrétienne peut se concilier avec une vérité expressive et une grâce tranquille. Plus tard, il s'élèvera jusqu'au pathétique dans sa *Mater dolorosá* et fera couler les larmes d'une reine infortunée qui, elle aussi, était une mère navrée de douleur. Sa facilité d'exécution, un talent formé et sûr de lui-même, ne l'empêchaient point de poursuivre ses études. Le *Dante aux enfers* prouve par la vigueur et la finesse des tons qu'il savait être coloriste ; le *jeune Grec assis sur des rochers*, qui est au Luxembourg, atteste qu'il recherchait la plénitude du modelé, la précision des formes accusées par le clair-obscur, et qu'il appliquait avec amour la science sculpturale que doit posséder tout bon peintre. Un séjour de cinq ans en Italie, ce bienfait de l'État qu'il était réservé à notre temps de méconnaître, était donc particulièrement favorable à Flandrin, puisqu'il offrait à son penchant pour les sujets sacrés l'aliment le plus généreux. Les peintures des catacombes lui apprenaient à substituer l'éloquence du symbole à l'attrait des formes sensibles. Les mosaïques byzantines lui transmettaient les principes de l'art grec, dépouillé de ses séductions, rigide, et cherchant la grandeur dans les manifestations de l'âme détachée de tout ce qui est terrestre. Les fresques du moyen âge, dans leur abondance inépuisable, étaient, à leur tour, un perpétuel acte de foi, où la piété naïve n'excluait point le charme, où l'archaïsme des contours faisait ressortir des figures délicieuses et dignes du nom d'angéliques. Enfin, les chefs-d'œuvre de la renaissance lui présentaient l'alliance la plus hardie des beautés plastiques de l'antiquité avec la candeur du sentiment chrétien.

Nourri de cette moelle précieuse, ému à jamais par le contact du beau, Flandrin revint en France : sa réputation l'y précédait. Aussitôt la ville de Paris lui confia la chapelle de Saint-Jean dans l'église de Saint-Séverin, emplacement défavorable, qu'il a décoré avec un art consommé.

Qui de vous, Messieurs, n'a présentes à l'esprit ces peintures, compromises malheureusement par la vétusté même des murs? Ici, saint Jean quitte ses filets pour suivre le Christ qui l'appelle; là, il écrit l'Apocalypse qu'un ange lui dicte avec un geste grandiose. D'un côté, il est plein de jeunesse, revêtu d'une beauté que la tradition avait consacrée; en face, il apparaît épuisé par les années, par l'ascétisme, par les tortures. Mais du milieu de la cuve bouillante où il est plongé, il se dresse vers le ciel avec un élan si fervent que le ciel fait un miracle : les flammes se détournent, les bourreaux se rejettent épouvantés sur la foule, les païens sont touchés par la grâce, les chrétiens raffermis, les magistrats confondus. L'effet de cette composition est simple, saisissant; rien n'est cherché, tout ressort naturellement de la force des situations. La Cène où le Christ rompt le pain pour la dernière fois avec ses disciples fait songer aux vieilles fresques par la sobriété du modelé et par ses tons un peu effacés. Saint Jean, accablé de douleur, s'est affaissé devant son maître, les bras allongés sur la table avec l'abandon du désespoir. L'âme du peintre s'est complu dans cette situation pathétique ; on dirait qu'elle s'est incarnée dans le personnage de saint Jean, afin de se prosterner, de s'anéantir elle-même sous la main du Christ. Œuvre de jeunesse et d'ardeur, ensemble exquis où Flandrin s'est dévoilé par un style fier, par un dessin ferme, par les combinaisons de lignes les plus heureuses! Quoique ces compositions ressemblent à des tableaux plus que celles qui les ont suivies, l'artiste les soumet déjà aux conditions de la peinture décorative. Au lieu de faire sentir l'air, la perspective, les plans déterminés qui prêtent aux tableaux tant d'illusion, il s'élève aux abstractions de la fresque. A l'exemple des Byzantins, il était porté à couvrir les parois des églises de figures qui s'y détachaient comme des bas-reliefs inspirés de l'antique. La sculpture traite à part chacun des modèles qu'elle a rêvés, afin de ne rien sacrifier ni de leur personnalité ni de leur caractère ; Flandrin semble avoir développé ce grand principe, mu par son instinct autant que par une volonté clairvoyante, sortant peu à peu du cercle de ses contemporains, se dégageant de leurs conventions, jusqu'à ce qu'il eût atteint les sommets où son talent devait briller pur et solitaire.

Si l'artiste qui crée dans le silence de l'atelier produit librement et à ses heures, celui qui veut orner les édifices publics n'est plus l'arbitre de sa destinée; il dépend des circonstances; il doit être préparé aux déceptions. La fortune fut juste envers Flandrin, et c'est nous, Messieurs, qui devons la bénir, car elle a fait tourner au profit de la splendeur publique le petit nombre d'années que Flandrin avait à vivre. Les villes se sont disputé sa présence et ses œuvres comme jadis les cités grecques se disputaient Polygnote : la ville de Paris, d'abord, dont il fut le peintre favori et qui s'est honorée par un tel patronage ; Lyon, qui n'a point oublié que Flandrin est son enfant et qu'elle-même a été la capitale intellectuelle de la Gaule ; Nîmes, qui possède des ruines dignes de l'Italie ; Strasbourg, enfin, qui s'est efforcée de ne le point céder aux vieilles cités françaises et qui a offert à Flandrin sa magnifique cathédrale. Si la mort ne l'avait surpris, il se flattait d'y peindre son œuvre la plus vaste et la plus forte, *un Jugement dernier*.

Ce fut en 1848 qu'il décora l'église de Saint-Paul, à Nîmes, construite sur le plan des anciennes basiliques par un de nos plus habiles architectes. Divisé en trois nefs que terminent trois apsides, cet édifice se prêtait à l'alliance de la peinture et de l'architecture. Le peintre l'a merveilleusement compris : il a fait ressortir, dans leur solide puissance, tous les membres de la construction, sans sacrifier ses propres compositions ; elles s'enlèvent sur le fond d'or des galeries et des demi-coupoles, se relient à travers les arceaux, et présentent au regard, dès le seuil de la basilique, un ensemble harmonieux. En face, derrière l'autel, apparaît d'abord le Christ, de proportion colossale ; il est assis, les bras ouverts comme pour embrasser le monde. Saint Pierre et saint Paul se tiennent debout à ses côtés, tandis qu'un roi et un esclave frappent de leur front les degrés du trône où ils ont déposé, l'un sa couronne, l'autre ses fers : image touchante de l'égalité chrétienne, représentation brève mais énergique de l'humanité entière, éternellement divisée en deux classes, ceux qui commandent et ceux qui servent. Dans l'apside de droite est peint le *Ravissement de saint Paul.* Vêtu de blanc et de lumière, l'apôtre est enlevé au ciel par une force invisible, qui est la foi ; son attitude est celle de l'extase et ses yeux entrevoient l'infini. A gauche est le *Couronnement de la Vierge*, où l'artiste a fait sentir, avec une délicatesse digne des Florentins du XVe siècle, les relations surhumaines d'une mère qui est vierge et d'un fils qui est Dieu. La mère est si chaste, si attendrie, si confuse, pendant que son fils la couronne! Et le Christ, tout en gardant la majesté du Rémunérateur, est si pénétré d'un amour et d'une reconnaissance ineffables! Sur les arceaux, sur les frises, sous les fenêtres, des anges, des docteurs, des martyrs, des saintes, sont disposés avec une simplicité savante. Aucune épreuve ne devrait mieux démontrer combien nos monuments gagneraient à être décorés par un peintre qu'on laisse seul et qu'on laisse libre.

Ce fut avec la même intelligence de la peinture décorative que Flandrin peignit à Lyon, dix ans plus tard, les trois apsides de l'église d'Ainay. Ces apsides étaient obscures, on ne distinguait qu'à la lueur des cierges ce qui était tracé sur les murailles. Aussi l'artiste ne voulut-il que des sujets simples, un petit nombre de figures, beaucoup de fond d'or, afin que l'espace suppléât à la clarté. Le Christ est debout, bénissant le monde ; la Vierge lui présente sainte Blandine et sainte Clotilde ; l'archange Michel conduit vers lui saint Martin, l'apôtre des Gaules, et saint Pothin, cher aux Lyonnais. Dans les apsides latérales, saint Badulfe appelle la bénédiction du ciel sur l'abbaye d'Ainay, tandis qu'on voit s'écrouler le temple païen qu'elle a remplacé ; saint Benoît reçoit l'hommage de deux moines qui soumettent leur communauté à sa règle. La sobriété calculée de ces compositions est rachetée par la beauté de l'exécution. Jamais le pinceau de Flandrin n'a été plus assuré, son style plus religieux, ses figures plus graves, ses contours plus nobles. On dirait qu'enfermé sous les coupoles sombres d'Ainay, il rivalisait avec ces artistes chrétiens des premiers siècles, qui, éclairés par des lampes furtives, peignaient dans les profondeurs des catacombes.

Toutes les qualités de ce talent réfléchi se sont développées à loisir dans l'église de Saint-Germain-des-Prés, où s'est dépensée la meilleure partie de sa vie et où l'on va consacrer un monument à sa mémoire. Il a peint à trois reprises, mais d'un bout à l'autre, ce long vaisseau qui lui doit le nom d'admirable et dont la coloration générale reporte la pensée vers l'église supérieure d'Assise, décorée par Giotto. Comment décrire les représentations sans nombre qui couvrent les parois? L'Ancien et le Nouveau Testament y revivent tout entiers par des rapprochements ingénieux qu'il soumettait d'abord à l'appréciation des théologiens. Sur les arcades de la nef principale, chacun des actes mémorables de la vie de Jésus-Christ est comparé à l'événement de l'histoire juive qui en est réputé la figure prophétique. Ainsi l'Annonciation a pour pendant Moïse prosterné devant le buisson ardent; à l'Adoration des Mages répond la Vision de Balaam; au Baptême du Christ, le Passage de la mer Rouge; à la Trahison de Judas, Joseph vendu par ses frères; à la Passion, le Sacrifice d'Abraham. Un autre peintre aurait redouté la froideur d'un programme orthodoxe, les divisions symétriques, les arcs coupés par la moitié, les accessoires, nécessaires à l'intelligence, mais ne laissant plus de place pour ces beaux fonds d'or qui rehaussent la peinture comme un rayon dérobé au soleil. Flandrin a accepté les difficultés et les sacrifices. Il a voulu instruire avant de plaire, convaincre avant de charmer ; il a pensé que la peinture, dans un temple chrétien, était un commentaire de l'Évangile et devait mettre au service de la religion, non pas ses illusions les plus séduisantes, mais tous ses moyens de démonstration et ses plus évidentes clartés. Il a déployé, en effet, un singulier talent d'exposition ; il a saisi, dans les drames sacrés, le moment le plus attachant, dans les types religieux, le trait caractéristique ; il a donné pour unité à des représentations aussi variées l'anéantissement de l'homme devant la divinité.

L'humilité, la foi soumise que respirent ses œuvres, Flandrin les pratiquait lui-même, et le sanctuaire de Saint-Germain-des-Prés atteste comment il comprenait sa mission. Là, à droite et à gauche de l'autel, il a tracé les pages justement vantées où sont opposés le *Christ entrant à Jérusalem en triomphe* et le *Christ montant au Calvaire*. Certes, en abordant ce dernier sujet, qui nous apparaît aussitôt dans le cadre sublime du *Spasimo* de Raphaël, Flandrin ne prétendait point lutter avec un génie qu'il adorait. Il savait que la comparaison serait écrasante pour lui et il se résignait vaillamment à être écrasé, parce qu'il fallait compléter à ce prix la suite de ses démonstrations et la parure de l'édifice. Tant de dévouement méritait une récompense : quoique l'*Entrée à Jérusalem* soit plus populaire, parce qu'elle est dans un jour favorable, d'une disposition heureuse, d'un ton qui charme, le *Calvaire* est pour beaucoup de juges une création supérieure, où l'artiste a su être original, où il a tiré de l'interprétation naïve de la nature le pathétique le plus vrai, la simplicité la plus touchante. Mais Flandrin se surpasse dans l'invention des figures isolées qui entourent les compositions principales, ornent les parties vides, montent jusqu'aux voûtes, font corps avec l'architecture, surgissent de toutes les parois. Les douze apôtres vêtus de blanc qui forment la décoration du chœur, saint Germain et les saints qui protégeaient autrefois l'abbaye, les docteurs du Nouveau Testament, les héros de l'ancien, parmi lesquels se détachent Josué arrêtant le soleil, Samuel tenant l'huile sainte, Aaron, avec l'encensoir fumant, Élie foudroyant les faux prophètes de son glaive de feu, Judith offrant au Seigneur ses mains sanglantes et son corps prostitué pour le salut d'un peuple, toute cette foule descendue du ciel anime la vénérable église et semble s'associer aux prières des hommes. Les figures décoratives sont une des créations les plus hautes de l'art : Flandrin a su leur imprimer l'émotion et la vie idéale. Ce sont des types avec leur caractère moral et l'esprit de leur situation ; ils pensent, ils parlent, ils agissent. Et combien leurs silhouettes sont nobles, leurs attitudes graves, leurs gestes éloquents, leur grandeur sans effort! Les formes sont pleines d'ampleur, les ajustements magnifiques; il n'est pas jusqu'aux draperies qui ne participent à cette expression muette que notre personnalité communique aux objets dont elle s'entoure. Tout est beau, clair, solide comme la mosaïque. Nous pouvons le proclamer avec orgueil, Messieurs : aucune église de l'Europe, décorée au XIXe siècle, ne possède une suite de peintures aussi religieuses, aussi vastes, et, quoique inachevées, aussi remarquables par leur unité.

Cependant Paris peut opposer à l'œuvre de Saint-Germain-des-Prés quelque chose de plus beau, l'œuvre de Saint-Vincent-de-Paul, qui est terminée, et où brillent cette mesure exacte de tout ce qui est bien, ce tempérament de qualités, cette harmonie d'un talent toujours égal, qui constituent la perfection. Quel emplacement, du reste, était plus propre à inspirer un artiste? L'église de Saint-Vincent-de-Paul, construite par le savant architecte qui a pénétré le dernier secret de l'art grec, présentait à la fois à Flandrin l'ordonnance des basiliques de Rome, la charpente colorée des temples d'Athènes, les fonds d'or des sanctuaires de Byzance, prêts à verser sur ses peintures la chaleur et la lumière. Tandis qu'un autre maître, bien digne d'exciter son émulation, avait en partage la coupole et la décoration du sanctuaire, le cadre qui lui était réservé était précisément une *frise* : or, Messieurs, le seul mot de frise produit un effet certain sur toute âme amoureuse de l'antiquité, c'est de la transporter aussitôt en face du Parthénon. La frise de Phidias apparut à Flandrin comme un modèle périlleux à imiter, mais comme un attrait inévitable. Il s'y livra, sûr d'être protégé contre les dangers de l'imitation par l'abîme qui sépare notre épopée religieuse du polythéisme païen. Ce ne sont plus des vierges séduisantes ou de fougueux cavaliers qui forment le cortége, mais des solitaires, des esclaves, des martyrs; la beauté ne décide plus du choix, c'est la sainteté; on ne porte plus à Minerve un voile magnifiquement brodé, on offre au Dieu dont le sang a racheté le monde l'abandon de soi-même, les tortures, le mépris de la mort volontairement provoquée; ce n'est plus vers l'Acropole que la procession se dirige pour immoler cent bœufs aux cornes dorées, c'est vers le ciel où la palme est préparée, et les élus quittent la vallée des larmes pour le séjour des délices éternelles.

Tandis que saint Pierre et saint Paul prêchent l'évangile aux nations, le chœur sacré s'avance, conduit par les anges vers le trône de Dieu. D'un côté sont les apôtres, revêtus d'abondantes draperies, les formes enveloppées comme pour attester l'asservissement de la matière à la pensée; les Pères de l'Église, dont les riches costumes ne troublent ni la gravité ni le recueillement; les papes et les grands évêques, variés, vivants, pleins de ferveur; les anachorètes, pâlis par les macérations; les rois grands par l'humilité; les fondateurs de monastères; les héros de l'Église militante. De l'autre côté, sont les saintes, et celles qui ont confessé la foi au milieu des splendeurs du monde, et celles qui se sont enfermées dans les monastères, les unes parées d'une grâce antique, les autres sévères comme des statues; les pénitentes les suivent, purifiées par l'expiation; Thaïs brûle ses vêtements profanes, Madeleine se couvre d'une peau de bête; derrière elles se groupent les reines qui se sont dévouées aux pauvres, les mères qui ont consacré leurs enfants au Seigneur, les femmes qui ont converti leurs époux et se sont présentées avec eux au martyre, unies dans une chaste étreinte. Cette foule, qu'il faut renoncer à décrire, tend d'une même ardeur vers le foyer de l'amour divin; on ne voit point ses pas, elle glisse dans l'espace attirée par une force irrésistible. Tous les regards sont dirigés avec extase vers le ciel, tous les visages sont rayonnants de foi et de beauté, tous les mouvements sont rhythmés par un hymne d'adoration muette, toutes les lignes respirent un calme qui n'appartient pas à la terre, comme si l'âme, en face de l'éternité, avait spiritualisé son enveloppe mortelle.

L'exécution répond à une idée aussi grandiose. La clarté du

plan, la justesse des divisions, l'espace ménagé à la façon des Grecs, l'entente du bas-relief délicatement appliquée, l'art de remplir sans confusion, d'ordonner sans froideur, l'abondance des personnages, tous empruntés aux modèles vivants, mais aussitôt transfigurés, la souplesse des types, si caractérisés, si distincts, et maintenus cependant dans une seule harmonie, que de raisons d'admirer! que de convenances merveilleusement respectées! Flandrin se délectait dans ses croyances religieuses et dans son amour de l'antiquité, conciliation facile, puisque la plupart des saints étaient Grecs ou Romains. Aussi a-t-il fait, en les purifiant, de nombreux emprunts à la civilisation païenne, costumes, coiffures, ajustements, attributs, autels, vases, objets du culte. Les figures elles-mêmes ont quelque chose de doux et d'idéal qui éveille en nous des souvenirs de l'art grec. Mais, en s'appropriant ces trésors, Flandrin reste simple; il est à la fois riche et naïf, qualités si rarement unies. On ne surprend rien d'inégal ni de faible; tout est élégant, heureux, exquis, tout dénote un art retrempé aux sources vives et qui veut être vrai. Aussi, Messieurs, les contemporains de Flandrin ont-ils salué avec raison une œuvre protégée par la grande ombre de Phidias du nom de *Panathénées chrétiennes*.

Alors même qu'une nation sait honorer les talents qu'elle produit, elle aime à voir son suffrage confirmé par le suffrage des nations voisines. Cette consécration n'a pas manqué, aussitôt qu'un crayon singulièrement fidèle, puisque c'était celui de Flandrin, eut répandu dans toute l'Europe les nouvelles Panathénées. L'Allemagne surtout, éprise de l'art religieux et de la peinture monumentale, retentit de l'éloge de Flandrin. Nous savons par un témoignage authentique quelle impression reçut Cornélius, l'illustre doyen des peintres allemands. Lui aussi avait décoré des palais ou des églises, et il jugeait son jeune rival avec une sincérité généreuse. Il interrogeait un jour M. Kœhler, architecte allemand qui revenait de Paris, et se faisait décrire l'église de Saint-Vincent-de-Paul. M. Kœhler a consigné par écrit la conclusion de cet entretien; c'est lui-même, Messieurs, que vous allez entendre :

« Comme la disposition de l'édifice et surtout celle de la
« frise peinte intéressaient vivement Cornélius, je lui offris de
« lui montrer les lithographies des peintures que je savais
« pouvoir me procurer. Il en fut excessivement charmé et com-
« mença de louer la beauté classique des draperies, la pureté du
« dessin des figures, la variété dans les admirables caractères
« de cette longue suite de saints et de saintes. Il répéta à plu-
« sieurs reprises qu'il avait toujours attendu beaucoup de
« M. Flandrin, mais que son attente était prodigieusement
« surpassée. C'est, disait-il encore, la *vraie*, la *véritable re-*
« *naissance ;* elle réunit à la beauté sévère de la forme l'es-
« prit religieux du christianisme, et la France doit s'estimer
« heureuse de posséder un pareil artiste. »

Cornélius a jugé avec la sûreté d'un maître l'originalité de Flandrin, qui est la conciliation de la religion moderne avec l'art antique. Flandrin a voulu replacer les héros du christianisme au milieu de la civilisation réelle où ils ont vécu et non plus dans le monde de convention créé par les peintres des derniers siècles; il a essayé de fondre la beauté grecque, qui est l'enveloppe de l'âme, avec la charité chrétienne, qui en est le rayonnement intérieur ; il s'est efforcé d'exprimer par la pureté des formes et des lignes la pureté de la religion. Il a réussi dans une entreprise aussi délicate, parce que son maître lui avait révélé l'art grec, en l'analysant avec lui dans les plus humbles détails ; parce qu'il lui avait enseigné surtout à ne point copier ces merveilleux modèles comme une lettre morte, à les vivifier, au contraire, par l'étude constante de la nature, à les rajeunir par le caractère et la vraisemblance pittoresque des types, à se les assimiler par l'énergie du sentiment personnel. Mais ce que Flandrin n'avait appris de personne, ce qu'il portait inaltérable au fond de son cœur, c'était la foi. Il avait une foi douce, tolérante, sans apparat, qu'il cachait presque, ainsi qu'on cache ses vertus. Il était chrétien à la façon du moyen âge et des siècles dont la conscience n'a été traversée par aucun doute. D'un tempérament mélancolique, recueilli sans mysticisme, il vivait dans le monde idéal de la Bible comme dans son atmosphère naturelle. Aucune tension d'esprit ne lui était nécessaire pour s'élever jusqu'aux sphères religieuses : tout ce qu'il peignait, il le croyait, et son talent était aussi limpide que sa conscience. Il comprenait le christianisme d'une manière large et en même temps ingénue ; aussi était-il entraîné vers les vieux maîtres italiens dont il enviait, non pas les formes archaïques, mais la naïveté, le sourire, la grâce attendrie. Ses œuvres ne respirent point l'enthousiasme ; elles n'ont point la fougue d'une prédication ; elles sont l'hymne solitaire d'une âme qui exprime ce qu'elle sent. Le souffle y est continu plutôt que puissant, la séve variée plutôt que luxuriante. Flandrin se complaisait à peindre les manifestations de la bonté divine et à se placer en face de l'infini, sans se préoccuper de la foule, ni pour la convertir, ni pour en être applaudi. De ce détachement résultait un attrait suave et tranquille, une élévation morale qui était le reflet du sujet, un accord singulier entre la noblesse des conceptions et la simplicité des moyens, une sensibilité grave mais pénétrante comme les parfums du sanctuaire. Oui, Messieurs, Flandrin est un homme d'un autre âge; il est de la race des artistes croyants, famille qu'on dit parfois perdue et qui a pour ancêtres Giotto et le peintre de Fiesole. Issu de l'École lyonnaise, qui a produit des peintres éminents sous l'influence du sentiment chrétien, entouré de la pléiade d'artistes qui a fait refleurir la peinture sur les murs délaissés de nos églises, il représente dans l'art du XIXe siècle, avec plus d'austérité, le mouvement religieux que le *Génie du Christianisme* et les *Méditations poétiques* représentent dans les lettres. Il n'a atteint ni la mâle grandeur du Poussin, ni la profonde et pathétique tendresse de Lesueur. Mais considérez l'étendue de ses œuvres, leur caractère, leur unité ; comparez un labeur si grand et une ferveur si soutenue; comptez les églises qu'il a décorées et faites illustres, et vous ne croirez être que justes en appelant l'artiste qui a doté son pays d'une telle parure le *peintre religieux* de la France.

Malgré cette prodigieuse dépense de forces, Flandrin trouvait encore du loisir pour peindre de nombreuses figures décoratives au château de Dampierre, des médaillons de proportion colossale au palais des Arts et Métiers, des cartons pour les vitraux de Saint-Germain-des-Prés et de la chapelle de Dreux. Il exécutait surtout ces beaux portraits qui devenaient aussitôt célèbres et qui éveillaient, chez tant de particuliers qu'il ne pouvait satisfaire, l'ambition d'être immortalisés par son pinceau. On dit souvent « que la science « du portrait est le brevet du peintre d'histoire ». Flandrin a justifié une fois de plus cet axiome dont l'histoire entière de l'art démontre la vérité. Comme il consultait sans cesse le modèle vivant, un portrait n'était pour lui qu'une occasion nouvelle d'étudier la nature, en la serrant de plus près. La sûreté de son premier jet et sa facilité à mettre en œuvre rappelaient les maîtres, non moins que son modelé souple et son clair-obscur vigoureux. Il disposait les accessoires avec un goût supérieur, de façon que tout concourût à l'unité d'impression. Il excellait à découvrir sur le visage des hommes les signes d'élévation, à mettre en relief leur trait caractéristique, à dégager leur personnalité avec cette largeur qui donne à la peinture une importance historique, et dont le portrait de l'Empereur est un exemple frappant. S'il peignait les femmes, il cherchait surtout l'expression de la réserve, de la sérénité pensive, de la grâce qui s'ignore. Avant de les faire belles, il voulait les faire pudiques. Au lieu de les offrir en appât au public des expositions, il respectait cette fleur de chasteté que le christianisme et la chevalerie ont répandue sur elles. On sentait qu'il avait peint les jeunes filles pour leurs mères, les mères pour leurs fils : et tous les fils l'en ont récompensé en le surnommant le *peintre des honnêtes femmes*.

Flandrin atteignit ainsi sa cinquante-quatrième année. Son talent était à son apogée, son rang incontesté, sa gloire si pure qu'elle désarmait l'envie. L'École française attendait beaucoup de lui; plus les pertes qui la frappaient étaient cruelles et répétées, plus elle reportait sur lui son espoir. Cependant sa modestie se dérobait aux triomphes les plus légitimes; le cercle de la famille bornait son ambition et ses joies. Plein de douceur et d'indulgence pour les autres, il était sévère pour lui-même, ne se contentait jamais et se traitait avec une rigueur qui n'appartient qu'aux natures perfectibles, car le but qu'elles poursuivent recule sans cesse et elles s'élèvent en le poursuivant. Il a fait l'étonnement de ses contemporains, il aurait dû faire leur admiration par sa conduite envers M. Ingres. A une époque où tant de peintres raillaient les leçons qui les avaient formés, déclarant que le dédain était le premier signe du génie, Flandrin a donné l'exemple d'une soumission non démentie, d'une humilité sans défaillance. Il relevait ainsi un principe qu'on s'efforce de détruire, peut-être parce qu'il a fait jadis la grandeur de l'art aussi bien que la dignité des artistes, le principe du respect. Jusqu'au dernier jour il a gardé devant son maître l'attitude inclinée et charmante qu'on ne retrouve qu'aux plus beaux temps de la Grèce ou de l'École italienne. Mais fallait-il veiller aux intérêts de l'art, fallait-il maintenir ses propres convictions, cette âme tendre et repliée sur elle-même se redressait avec un inflexible courage. Flandrin était au premier rang dans la phalange généreuse des artistes qui refusent également de s'abaisser jusqu'à la foule ou d'acheter la faveur des grands. Vous l'avez vu à l'œuvre, Messieurs, toutes les fois que l'Académie des beaux-arts a rempli les devoirs, souvent difficiles, que sa constitution lui impose. Sa constance eut à traverser une épreuve plus grave et qui fut la dernière. Hélas! pourquoi faut-il que nous ne puissions rappeler ces souvenirs sans entrevoir aussitôt les approches de la mort?

Une faiblesse native de tempérament, l'excès du travail, un séjour prolongé sous les voûtes glacées des églises, ce feu intérieur qui ne féconde l'intelligence qu'en usant le corps, tout se réunit pour accabler Flandrin avant l'âge. Les médecins ordonnèrent en vain le repos, la fuite, le ciel de l'Italie: les sources étaient taries et le moindre accident allait être une occasion de mourir. La compagne courageuse de sa vie tremblait pour lui et l'avait suivi avec ses trois enfants. Mais l'artiste, insensible au danger, se livrait tout entier au bonheur de revoir Rome. Son âme se dilatait au souffle vivifiant du passé ; il retrouvait les joies et les éblouissements de sa jeunesse; il goûtait cette ivresse immortelle qu'inspire la contemplation du beau. Un coup de foudre le tira de son rêve : il apprit que tout ce qu'il avait laissé derrière lui de cher et de vénéré était attaqué, compromis, renversé. Il est inutile de retracer ici des faits qui n'ont eu que trop de retentissement; mais ce qu'on ne peut passer sous silence, parce que déjà l'histoire les réclame, ce sont les lettres où s'exhalait la douleur de Flandrin : « L'arrivée à Rome, écrivait-il, et la vue de tant de chefs-« d'œuvre m'ont transporté, touché aux larmes. Mais pen-« dant ce temps s'élaborait ténébreusement à Paris une « œuvre qui a tout à coup éclaté, en minant ou empoison-« nant les institutions qui étaient l'honneur des arts dans « notre pays et que toutes les autres nations nous enviaient... « Rome est un merveilleux séjour, dont j'apprécie mieux que « jamais l'utilité pour les artistes. Mais, hélas! tout le monde « n'est pas de mon avis. D'un mot et d'un revers méprisant, « on vient de jeter bas des institutions qui vivaient depuis « deux cents ans, répondant à tous nos besoins, et qui, je « l'avoue, me semblent depuis leur chute encore plus glo-« rieuses et plus parfaites. » Alors, faisant un retour sur l'École de Rome, il s'écrie : « Cette chère Académie, cette « maison que j'avais revue avec attendrissement est atteinte « aussi d'une manière mortelle. La réduction de cinq ans « de pension à quatre ans, mais surtout la faculté de ne sé- « journer que deux années est le poison qui doit la réduire « et amener sa suppression... Je le répète, mon chagrin est « d'autant plus grand que mon enthousiasme pour Rome « a pris dans ce nouveau séjour des racines plus pro- « fondes. »

Ces lettres forment déjà un volume, elles vont être publiées; elles vous feront comprendre, Messieurs, bien mieux que tous les éloges, le caractère de Flandrin.

Toutefois il ne se contentait pas de se plaindre, il agissait. Il s'associait avec une sollicitude de toutes les heures aux démarches de l'Académie, il les devançait quelquefois. Il refusait tout concours à la nouvelle administration des beaux-arts : il composait même, pour réfuter les idées qu'elle faisait prévaloir, une brochure qu'on a retrouvée dans ses papiers. Il raffermissait par ses exhortations les pensionnaires de l'Académie de France; il les préservait du découragement, il faisait briller le devoir à leurs yeux; il leur apprenait à mépriser les attaques et l'injustice pour ne se souvenir que des bienfaits de la patrie; enfin il a contribué plus que personne à maintenir serrée autour du drapeau cette jeunesse d'élite qui est l'espoir de l'art français.

Il se tenait ainsi sur la brèche, lorsqu'une maladie épidémique terrassa en trois jours un corps qui n'était plus soutenu que par une âme valeureuse. Après avoir vécu irréprochable et créé des beautés qui ne périront pas, il est mort en soldat, défendant les institutions qu'il estimait la gloire de son pays. C'était couronner dignement une belle carrière, et l'on ne saurait trop pleurer l'artiste rare et l'homme de bien qui a donné de tels exemples. Aussi sa mémoire sera-t-elle particulièrement honorée par l'Académie des beaux-arts, dont il a été d'abord le fils bien-aimé et dont plus tard il représente si noblement les doctrines. Le seul nom de Flandrin, Messieurs, confond vos calomniateurs et vous venge de l'ingratitude. D'autres ont surgi avant Flandrin, d'autres surgiront après lui pour glorifier vos leçons et votre tutelle, car vous possédez ce rameau d'or dont parle le poëte, qu'on arrache en vain et qui repousse toujours, c'est-à-dire la tradition. Le XIXe siècle, issu d'une révolution, croit que sa mission est de tout reconstruire : si les expériences sont parfois funestes, elles sont courtes, parce que l'esprit français ne consent pas longtemps à déchoir. Mais, quand même il faudrait désespérer de l'avenir, cette enceinte, qu'entoure la confiance de la nation, demeurera le dernier refuge de l'art désintéressé, le dernier asile des principes spiritualistes, le dernier sanctuaire de l'idéal.

Paris. — Typographie de Firmin Didot frères, imprimeurs de l'Institut, rue Jacob, 56.

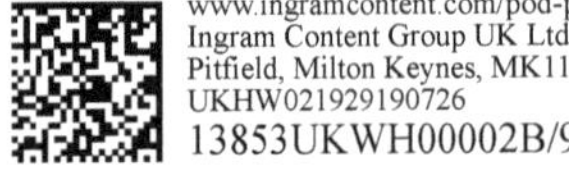

www.ingramcontent.com/pod-product-compliance
Ingram Content Group UK Ltd.
Pitfield, Milton Keynes, MK11 3LW, UK
UKHW021929190726
13853UKWH00002B/938

9 782329 599106